PIANO
VOCAL
GUITAR

Nichole Nordeman

wo   in

D0745025

Due to licensing restrictions, "In Your Eyes" is not included in this folio.

ISBN 0-634-05246-2

HAL•LEONARD® CORPORATION
7777 W. BLUEMOUND RD. P.O. BOX 13819 MILWAUKEE, WI 53213

Visit Hal Leonard Online at
www.halleonard.com

nicholenordeman.com

HOLY

Words and Music by NICHOLE NORDEMAN
and MARK HAMMOND

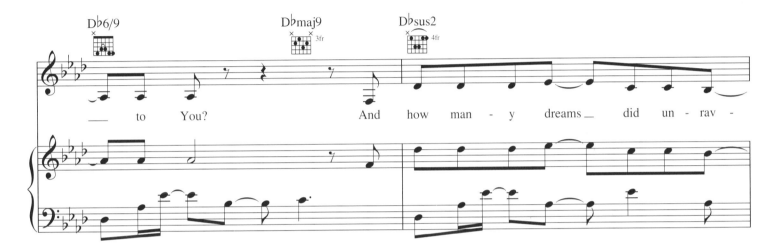

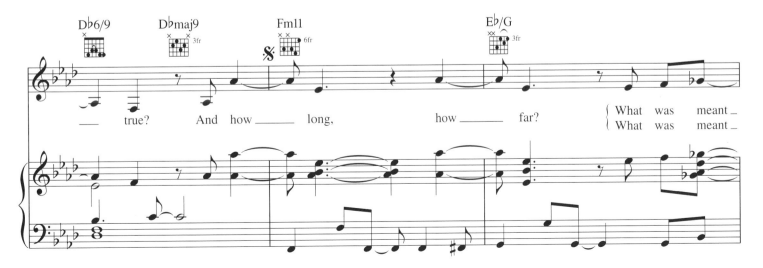

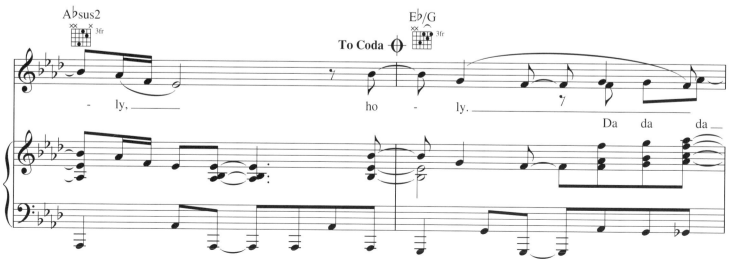

da __ da __ da __ da ya ya ya, __ You __ are __ ho-

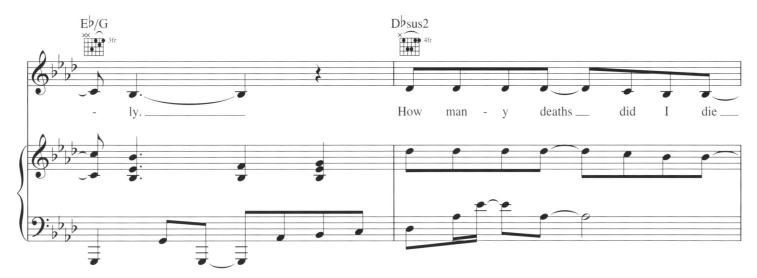

-ly. ___ How man - y deaths __ did I die __

___ be - fore I was a - wak - ened to new __ life ___

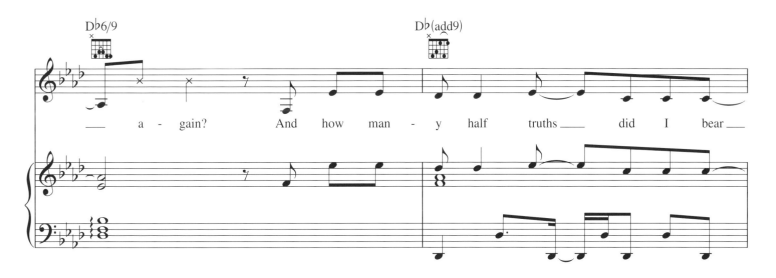

___ a - gain? And how man - y half truths __ did I bear __

witness to 'til the proof _____ was dis - proved _____ in _____ the _____

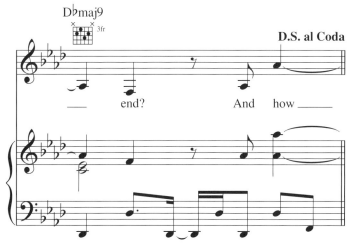

D.S. al Coda

end? And how _____

CODA

- ly. _____

And all _____ I _____ have _ is grat - i - tude _____ to of -

- fer You. _____

(Da da da _____ da _____ da _____ da _____

My whole ___ life. ___ You ___ are ___ Ho -
da ya ya ya, ___ You ___ are ___ ho -

- ly. And ___ some - how ___ all that mat - ters now is You, ___
- ly.)

___ ho - ly. ___
(Da da da ___ da ___ da da ___

___ da ya ya ya, ___ You ___ are ___ ho - ly.) (Da da da ___

MERCIES NEW

Words and Music by NICHOLE NORDEMAN
and CHARLIE PEACOCK

Moderately slow

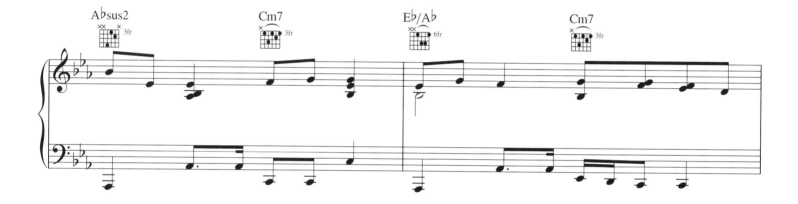

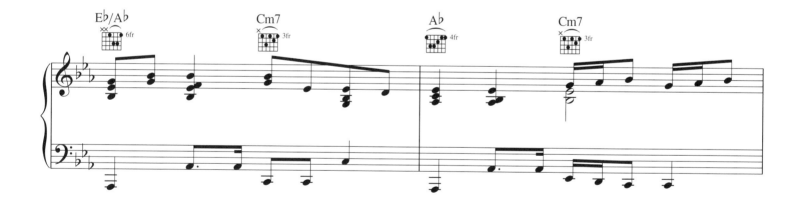

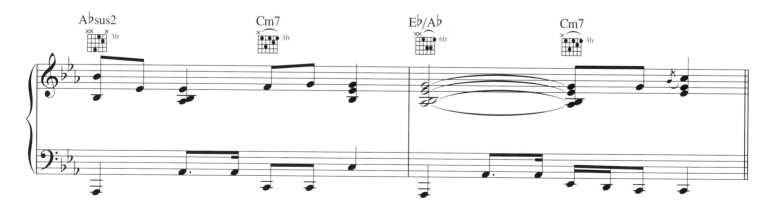

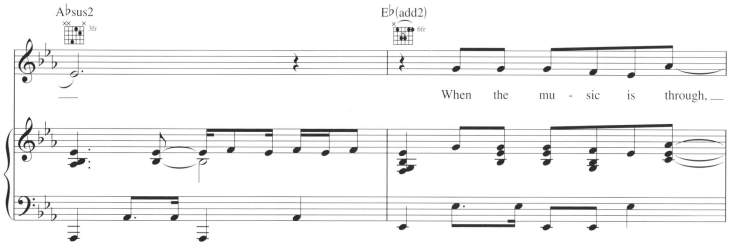

When the mu - sic is through, ___

___ or so it seems ___ to be, ___ then let me sing a new song. ___

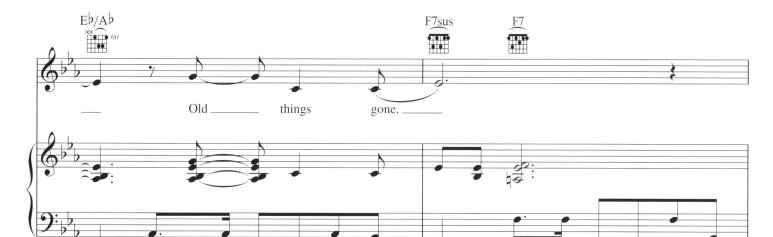

___ Old ___ things ___ gone. ___

Ev - 'ry day it's true You make all Your mer - cies ___ new. ___

To Coda

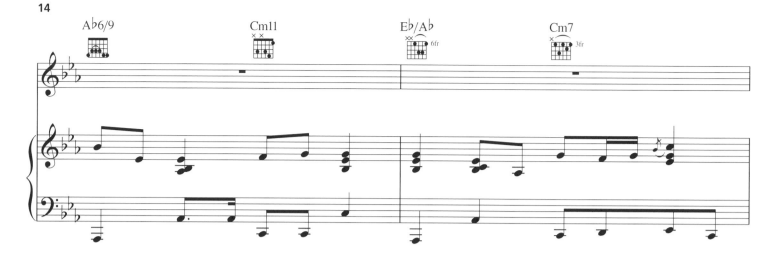

The dis - tance left __ be - tween East __ and West is how __

__ far You __ would go __ to for - get the debt __ I owe __

and thrown __ in - to the sea, the wick - ed ways __ in __

D.S. al Coda

me will nev - er have a chance to wash back on the sand.

CODA

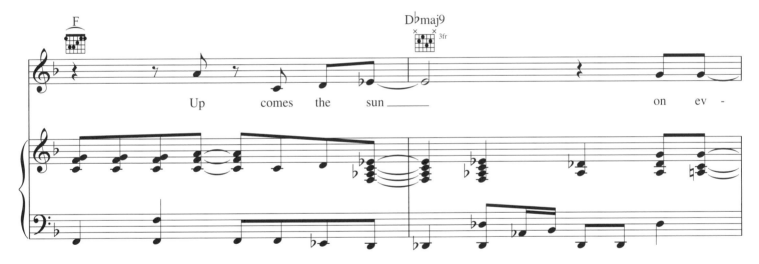

Up comes the sun on ev -

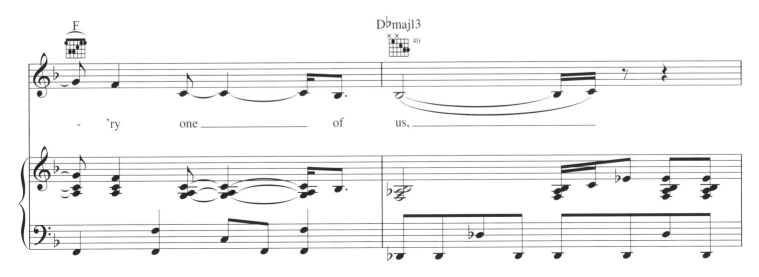

- 'ry one of us,

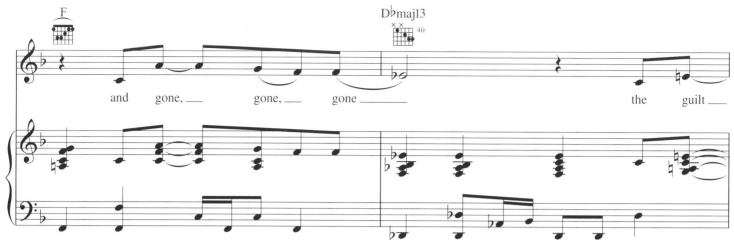

and gone, ___ gone, ___ gone _____ the guilt ___

___ and shame ___ that knew _____ your ___ name. _____

___ Your mer - cies are new _____ ev - 'ry morn - ing, ___

so let me wake with the ___ dawn, _____ yeah, _____

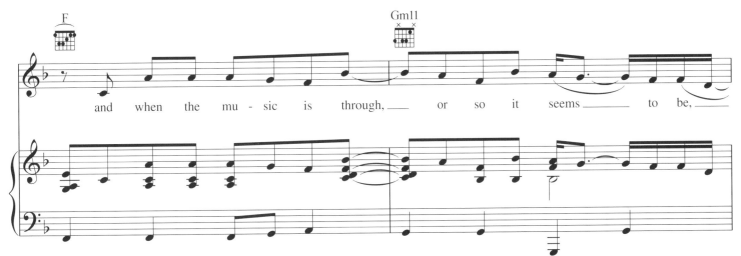

and when the mu - sic is through, ___ or so it seems ___ to be, ___

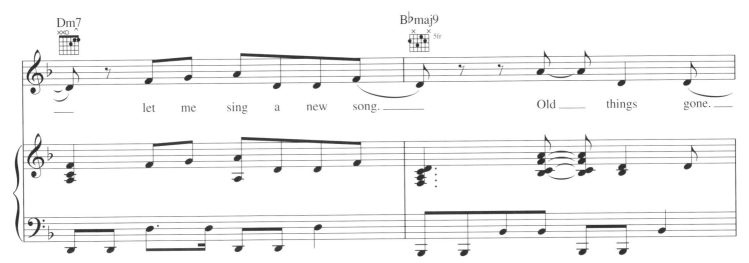

___ let me sing a new song. ___ Old ___ things ___ gone. ___

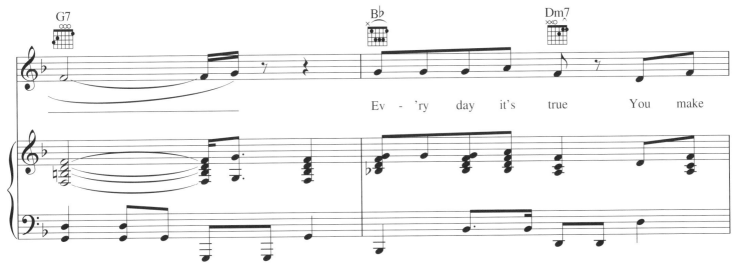

___ Ev - 'ry day it's true You make

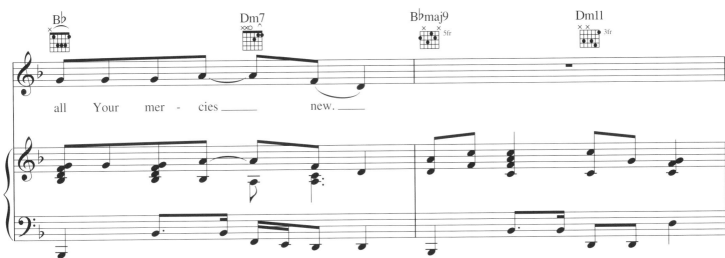

all Your mer - cies ___ new. ___

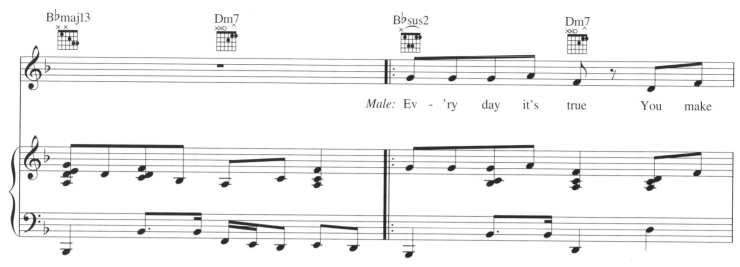

Male: Ev - 'ry day it's true You make

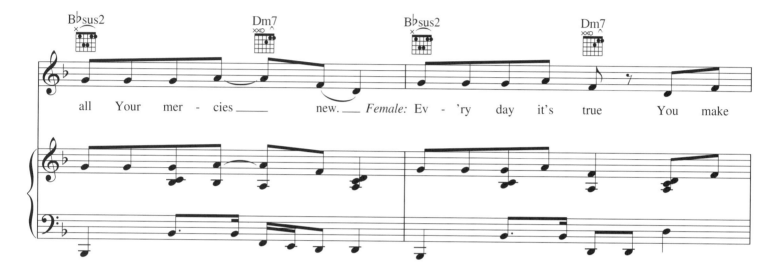

all Your mer - cies _____ new. _____ Female: Ev - 'ry day it's true You make

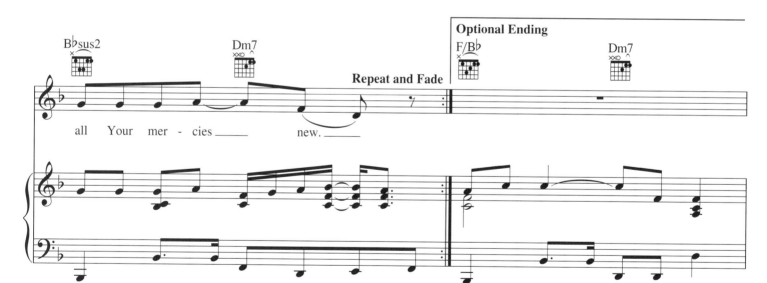

all Your mer - cies _____ new. _____

HEALED

Words and Music by
NICHOLE NORDEMAN

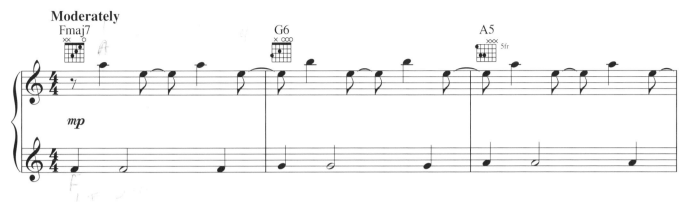

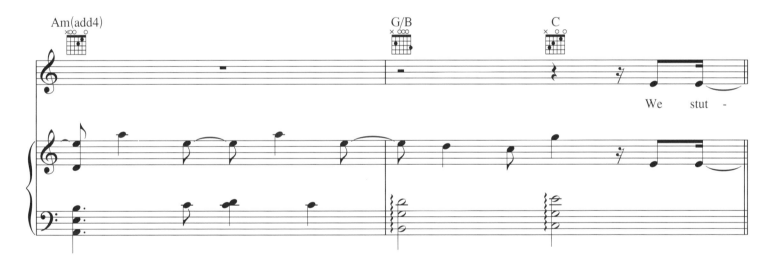

We stut-

-ter and we stam- mer 'til___ You say us, a

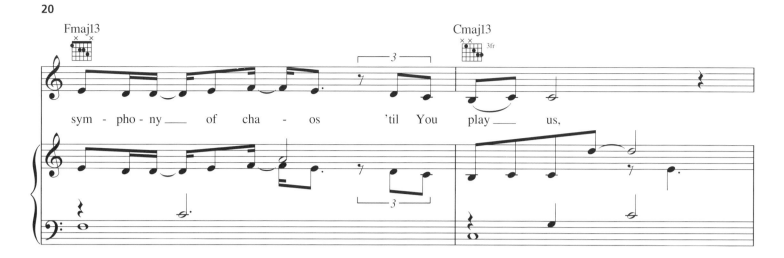

sym - pho - ny___ of cha - os 'til You play___ us,

phras - es on___ the pag - es of___ un - known 'til You

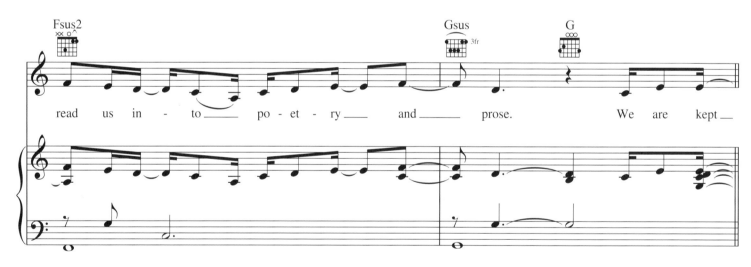

read us in - to___ po - et - ry___ and___ prose. We are kept___

and we are cap - tive 'til___ You___ free us,___
- ver and passed by___ un - til___ You___ claim us,___

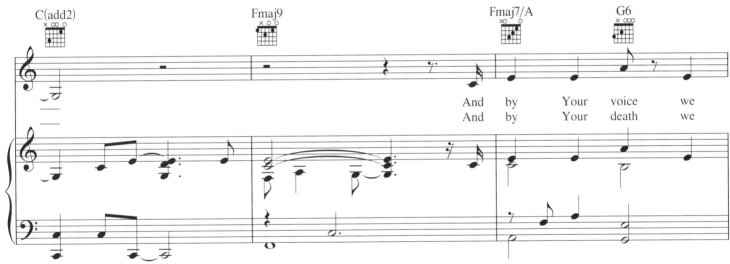

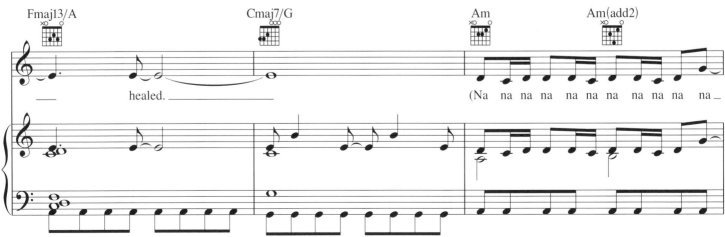

LEGACY

Words and Music by
NICHOLE NORDEMAN

Moderately

I don't mind if you've got some-thing nice to say a-bout me,

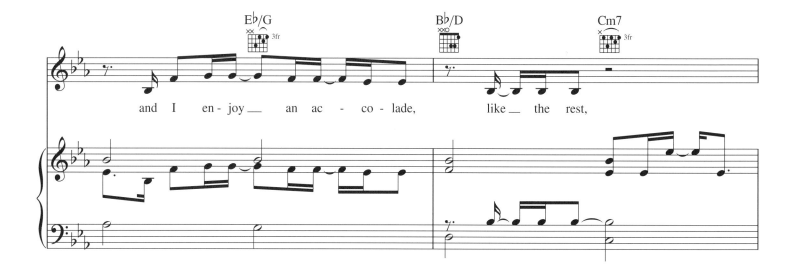

and I en-joy an ac - co - lade, like the rest,

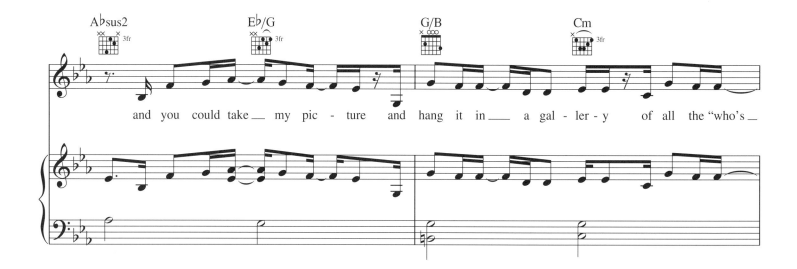

and you could take my pic - ture and hang it in a gal - ler - y of all the "who's

whos" and "so and sos" that used to be the best at

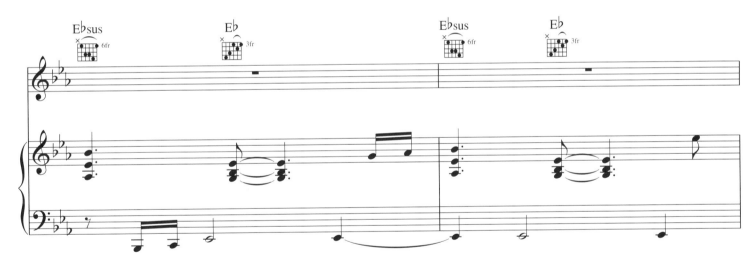

such and such; it would-n't mat - ter much.

I won't lie; it feels al - right to see your name in lights.

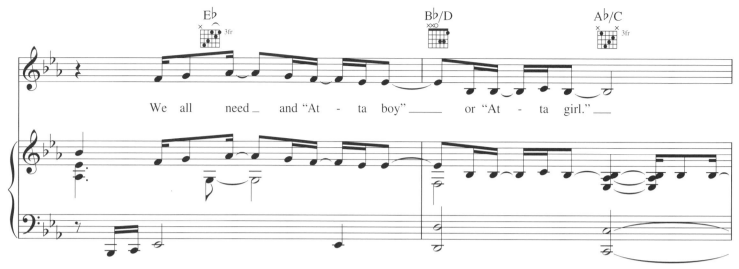

We all need__ and "At - ta boy"____ or "At - ta girl."__

But in the end__ I'd like__ to hang____ my hat__ on more__ be - sides__ the

tem - po - rar - y trap - pings of __ this world. _____ I want to leave__ a leg -

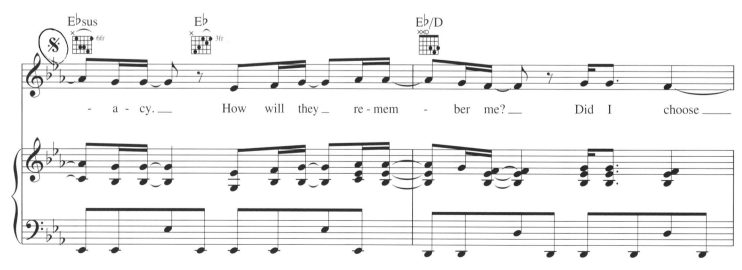

- a - cy.__ How will they__ re - mem - ber me?__ Did I choose____

to love? _____ Did I point to You__ e-nough__ to make__ a mark__

__ on things?__ I want to leave__ an of - fer-ing.__ A child__ of

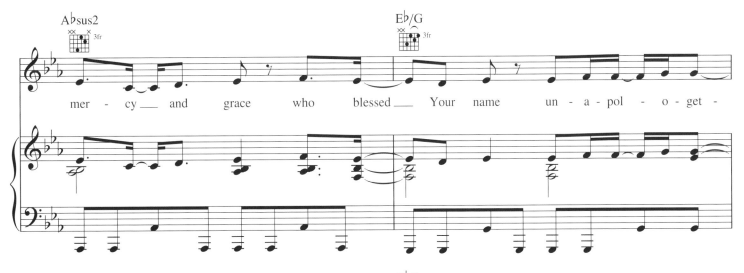

mer - cy __ and grace who blessed ___ Your name un - a - pol - o - get -

To Coda

- i - cal - ly, _____ and leave__ that kind__ of leg -

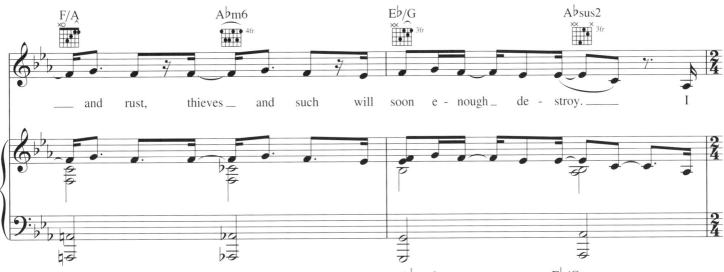

and rust, thieves and such will soon e-nough_ de-stroy._ I

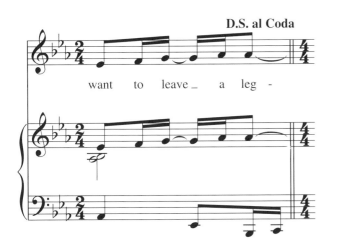

want to leave_ a leg -

- a - cy.

Not well trav-eled,_ not_ well read,_

well read, not well to do_ or well_ bred._

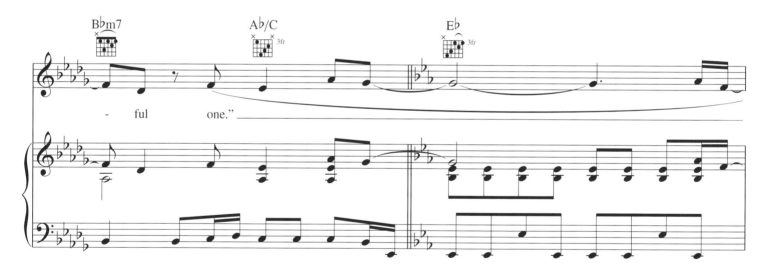

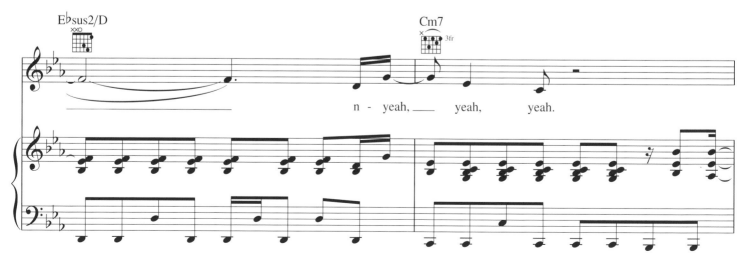

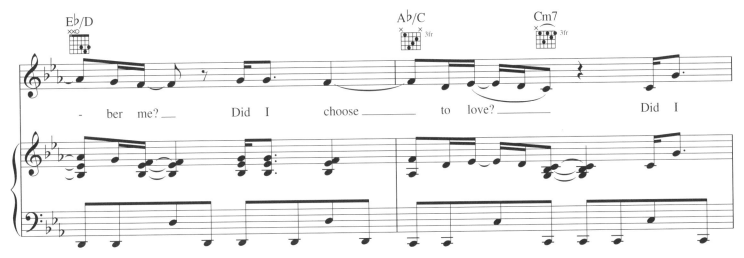

Your name un - a - pol - o - get - i - cal - ly _____

and leave __ that kind __ of leg - a - cy. __

Slower

I don't mind if you've __ got some - thing nice to say a - bout __ me.

I AM

Words and Music by
NICHOLE NORDEMAN

Su - per - he - ro   come if You can," ___
Se - cret keep - er,   be my best friend," ___
Pas - ture mak - er,   hold on to my hand. ___

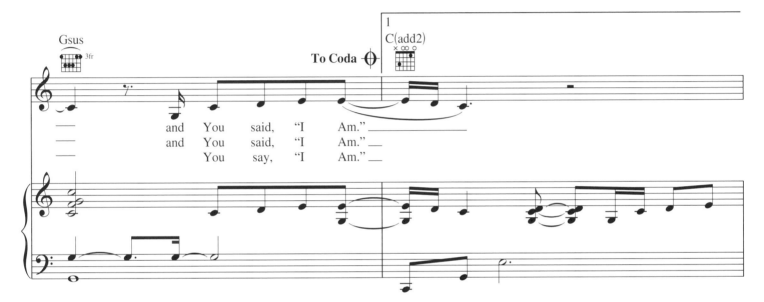

___   and You said, "I Am." _____
___   and You said, "I Am." ___
___   You say, "I Am." ___

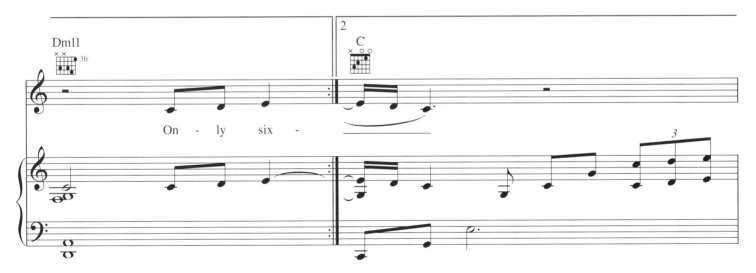

On - ly six - ___

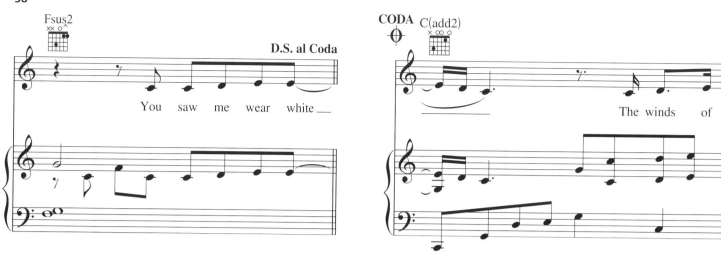

D.S. al Coda

Fsus2

You saw me wear white ___

CODA C(add2)

___ The winds of

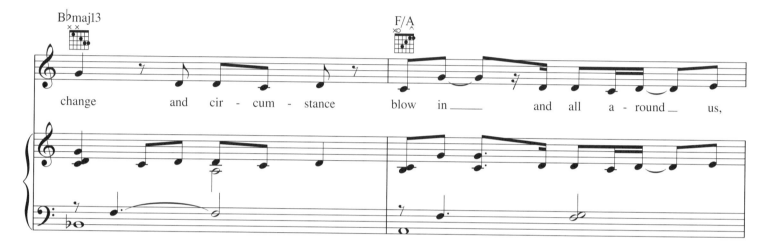

B♭maj13

change and cir - cum - stance

F/A

blow in ___ and all a - round ___ us,

Dm11

so we find a foot - hold that's

C/E

fa - mil - iar

F(add2)

and

Dm

bless the mo - ments that

C/E

we feel You

Fmaj7♯11

near - er. ___

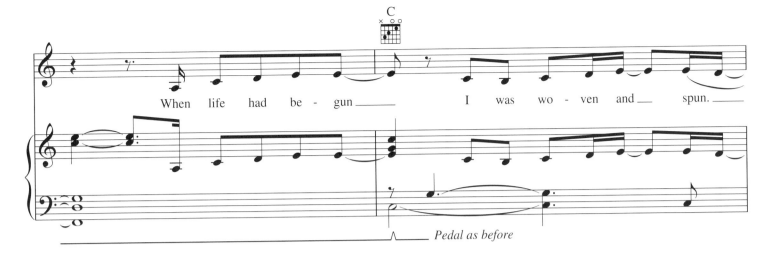

When life had be - gun ____ I was wo - ven and ____ spun. ____

You let the an - gels dance ____ a - round the throne, ____

and who can say when ____ but they'll ____ dance ____ a -

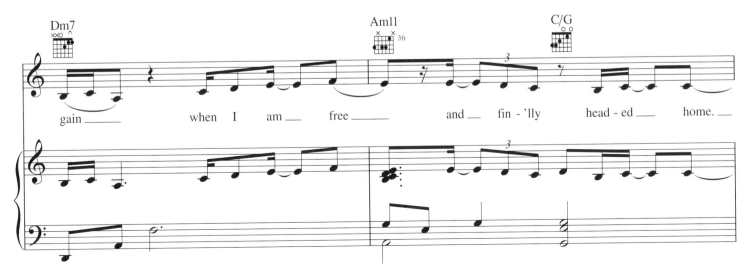

gain ____ when I am ____ free ____ and ____ fin - 'lly head - ed ____ home. ____

I will be weak, ___ un - a - ble to speak; ___ still I will

call You by _____ name. _____ Cre -

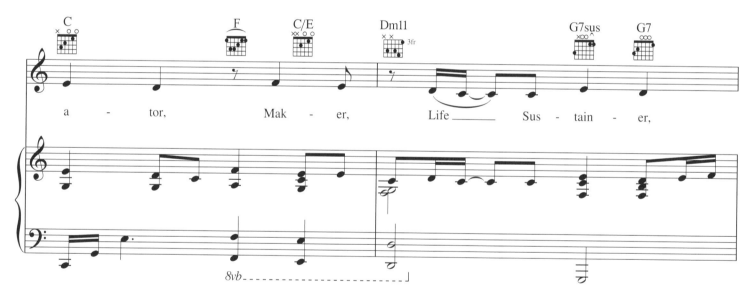

a - tor, Mak - er, Life ___ Sus - tain - er,

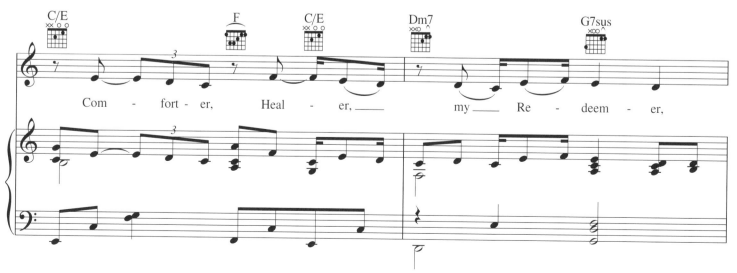

Com - fort - er, Heal - er, ___ my ___ Re - deem - er,

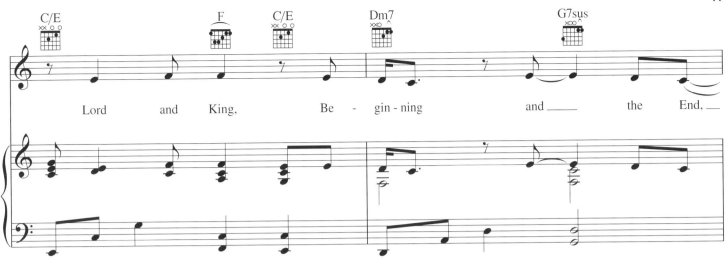

Lord and King, Be - gin - ning and _____ the End, _____

I Am, _____ yes, I Am. _____

Slower

EVEN THEN

Words and Music by
NICHOLE NORDEMAN

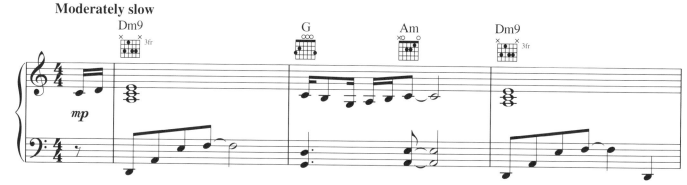

It's a fear that keeps __ me wide _____ a - wake __

in the mid - dle of ____ the night _____

when the ex - pec - ta - tions are ____ too great ____ and the bar gets raised __

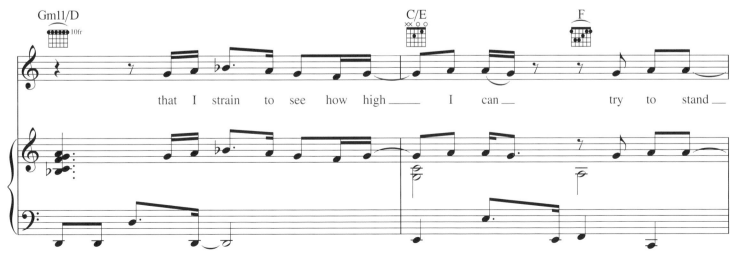

we wan - na be. So thank You, __ Je - sus, __

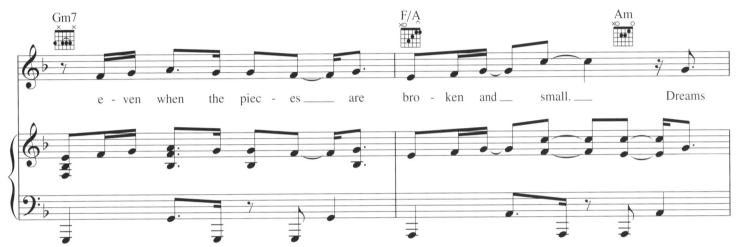

e - ven when the piec - es __ are bro - ken and __ small. __ Dreams

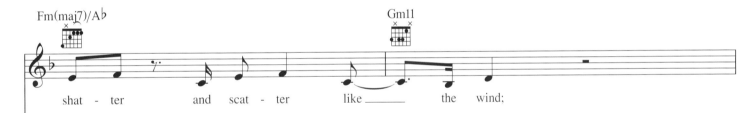

shat - ter and scat - ter like __ the wind;

thank __ You e - ven __ then. __

So I put a-side ___ the mas-

-quer-ade ___ and ad-mit that I ___ am not ___

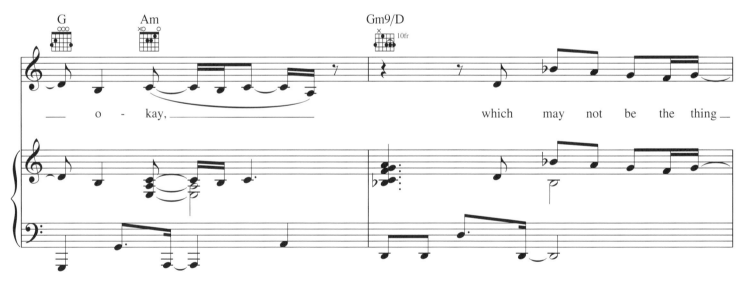

___ o-kay, ___ which may not be the thing ___

___ to say, but I'm not a-shamed ___ to need ___ You

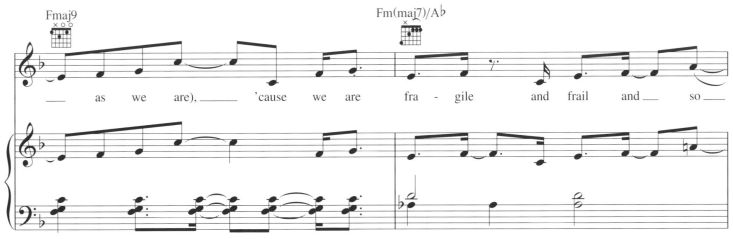

as we are), _____ 'cause we are fra - gile and frail and __ so __

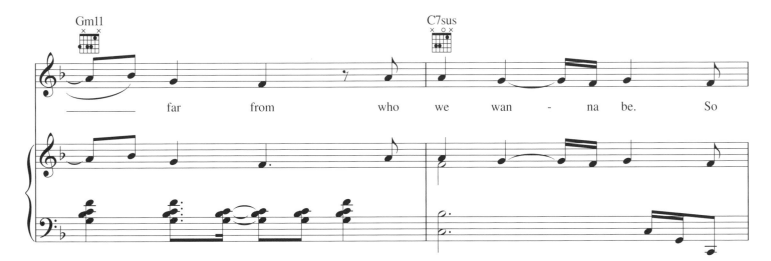

_____ far from who we wan - na be. So

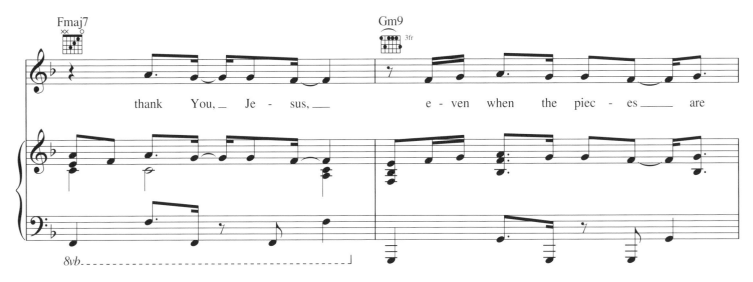

thank You, _ Je - sus, __ e - ven when the piec - es ____ are

bro - ken and __ small. __ Dreams shat - ter and scat - ter like __

the wind; _____ thank _____ You e - ven _____

_____ then. _____

rit.

NEVER LOVED YOU MORE

Words and Music by NICHOLE NORDEMAN
and CHARLIE PEACOCK

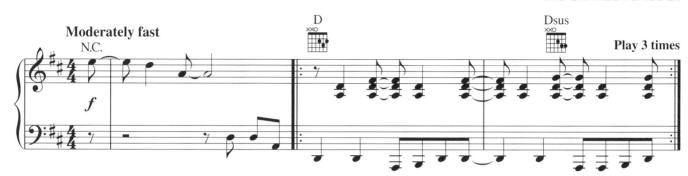

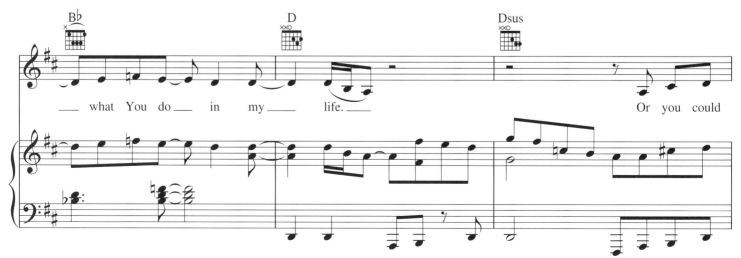

watch the sky at sun - rise and see the clouds turn shades I nev - er knew could make me wan - na

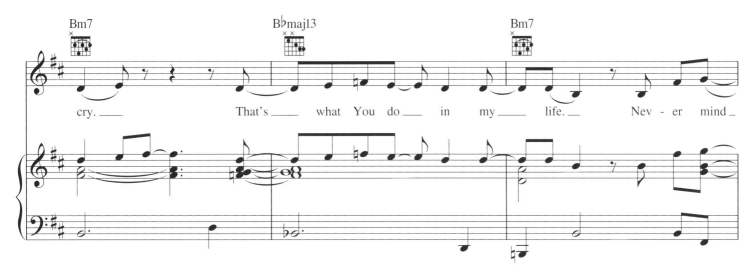

cry. ___ That's ___ what You do ___ in my ___ life. ___ Nev - er mind ___

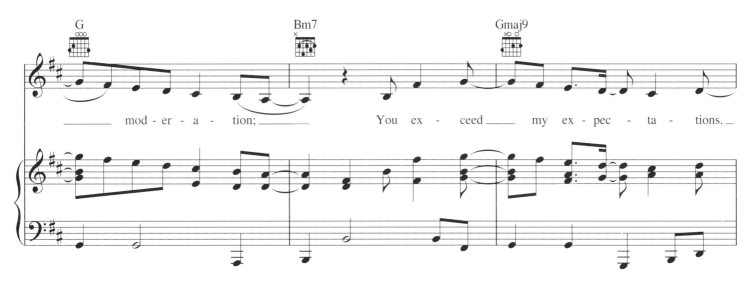

___ mod - er - a - tion; ___ You ex - ceed ___ my ex - pec - ta - tions. ___

I ___ have nev - er loved You more, 'cause You ___

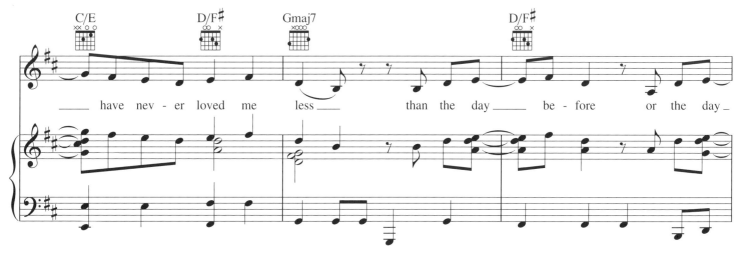

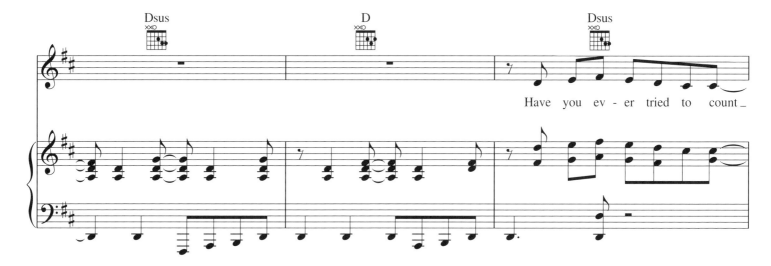

try to think a - bout in - fin - i - ty: ___ that's ___ how You love me. ___

___ Much more ___ that I can ___

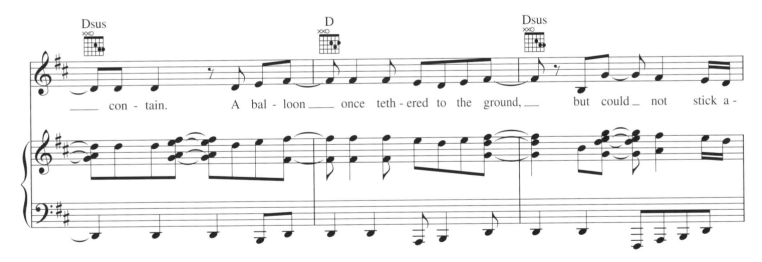

___ con - tain. A bal - loon ___ once teth - ered to the ground, ___ but could ___ not stick a -

round to stay, ___ free ___ to fly a - way. ___ Nev - er mind ___

mod-er-a - tion;_____ You ex - ceed_____ my ex-pec - ta - tions._____

I_____ have nev - er loved You more,_____ 'cause You__

_____ have nev - er loved me less____ than the day_____ be - fore_____ or the day__

_____ be - fore._____ I_____ have nev - er loved You more._____ I_____

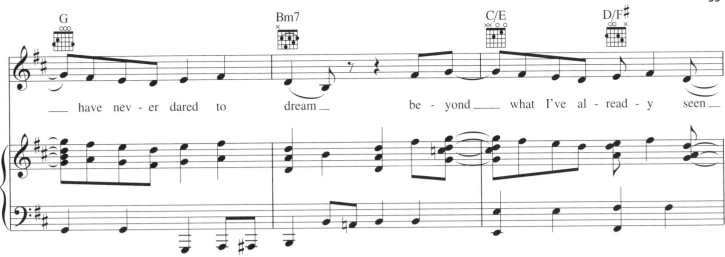

have nev-er dared to dream ___ be-yond ___ what I've al-read-y seen ___

the day ___ be-fore and the day ___ be-fore. I ___

have nev-er loved You more. ___

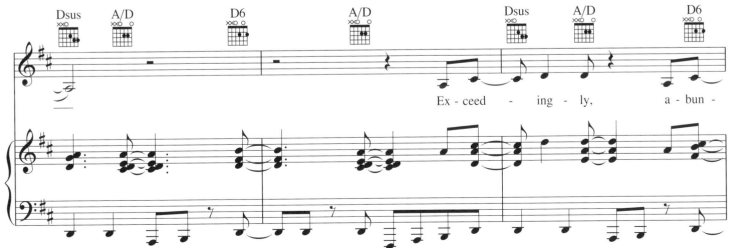

Ex-ceed - ing-ly, a-bun-

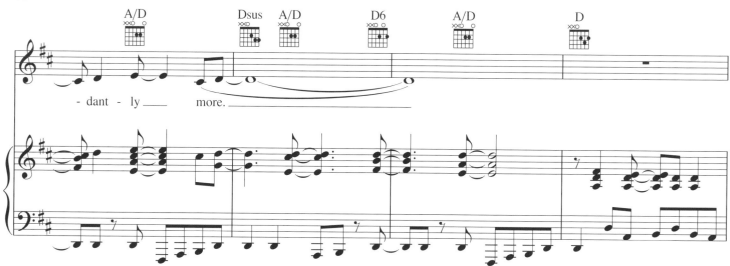

-dant - ly ___ more. ___

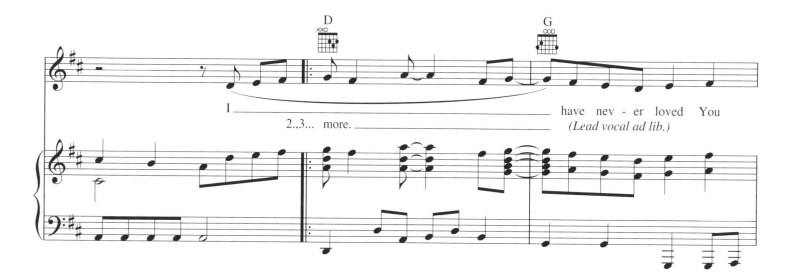

I ___ have nev - er loved You

2.,3... more. ___ (Lead vocal ad lib.)

more, ___ 'cause You ___ have nev - er loved me less ___ than the day ___

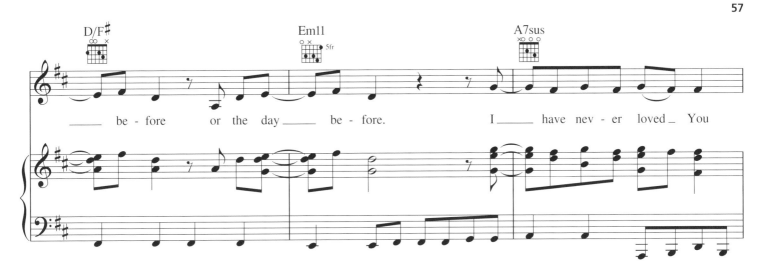

TAKE ME AS I AM

Words and Music by NICHOLE NORDEMAN
and MARK HAMMOND

Oh, __ for a heart that does not __ ache, and for a back-bone that won't break, __ for some stead-y feet or stur-dy ground; __ a road that is-n't gon-na let me

turn __ a - round _____ and run. __ For a thou - sand tongues to __

__ sing. To __ wear wis - dom like Sol - o - mon's robe for the
Oh, to __ feel hope __ in _____ hope - less __ times. Nev - er

pa - tience and per - spec - tive of a man ___ like Job. Just to
mind the sil - ver lin - ing, 'cause the clouds ___ are fine. To breathe

soar on wings of ea - gles for no oth - er rea - son than the
prayers that move the heav - ens or save hun - dreds from the flames; _____ to

bird's eye ___ view ___ for a flight or ___ two. ___ And the list
know my ___ place, ___ to know ___ my ___ name. ___ But the gap

gets ___ long - er _____
grows ___ wid - er _____

who I wish
be - tween who

I ___ was ___ and was ___ no ___ long - er. ___
I ___ am ___ and all ___ I as - pire ___ to

be.   I _____ nev - er could ___ be good ___ e - nough ___ to meas-

At the end ___ of my-self, at the end ___ of the day ___

I can find ___ lit-tle else but the cour-age to say _____ I need ___

___ You. _____ That's ___ all: I need ___

___ You.

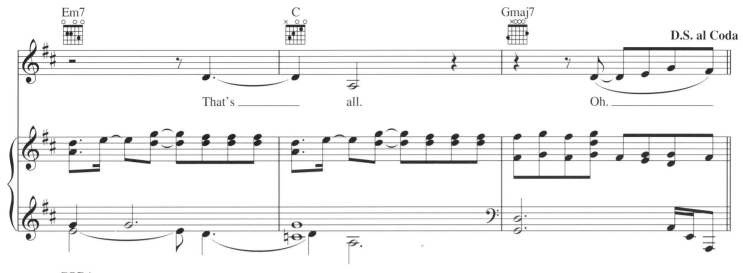

D.S. al Coda

That's _____ all.   Oh. _____

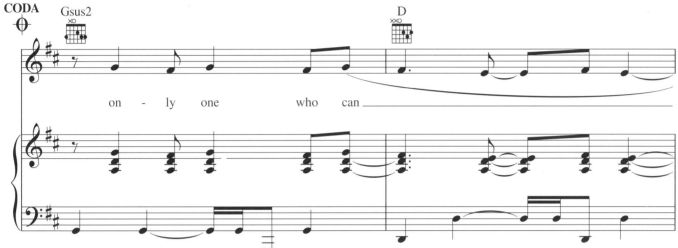

on - ly one   who   can _____

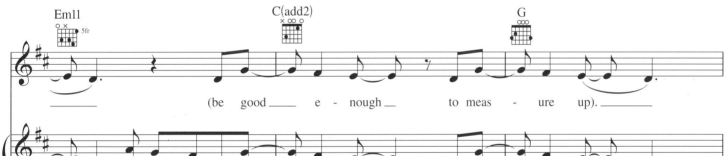

(be good ____ e - nough ____ to meas - ure up). ____

And You _____ want to take ___ me as ___ I come. ___ You're the

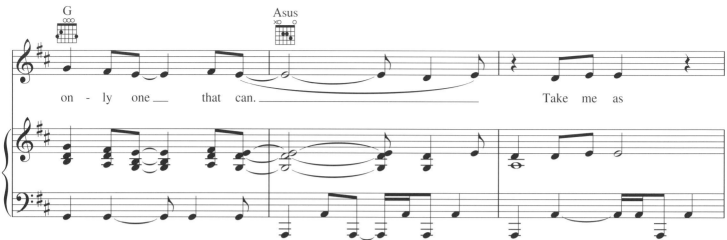

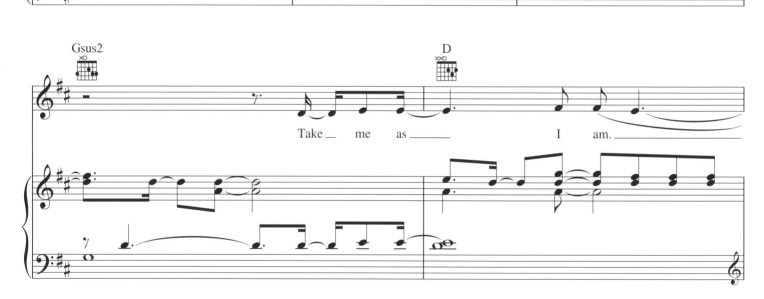

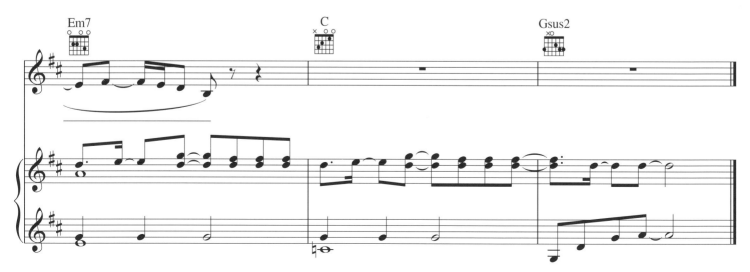

DOXOLOGY

Traditional

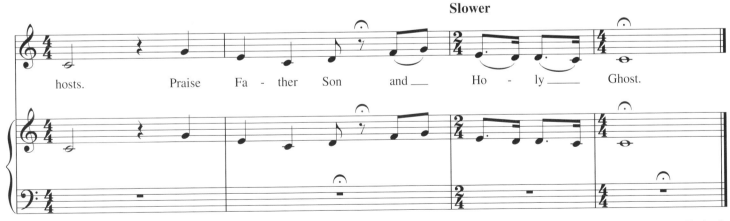

Segue to "My Offering"

MY OFFERING

Words and Music by
NICHOLE NORDEMAN

then may - be ___ I would pray ___ for sun - shine and a lit - tle rain
then may - be ___ I would pray ___ for skies ___ that were blue or a

to fall now and then ___ to make me ___ love - ly. I could be a
sun - set or two ___ to show Your ___ col - ors. And

place where sheep ___ could graze _____
may - be I ___ might be _____

or bare - foot feet ___ could play. ___ I would
a moun - tain strong and steep, ___ but I would

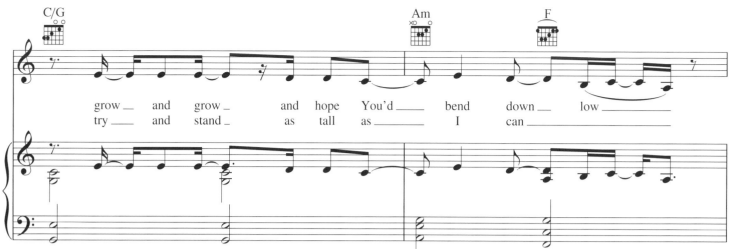

grow _ and grow _ and hope You'd _ bend down _ low _
try _ and stand _ as tall as _ I can _

to hear _ me sing _ my of - fer - ing. _
and I _ would sing _ my of - fer - ing. _

O - pen up _ the heav - ens, o - pen up _ the skies, _ 'cause

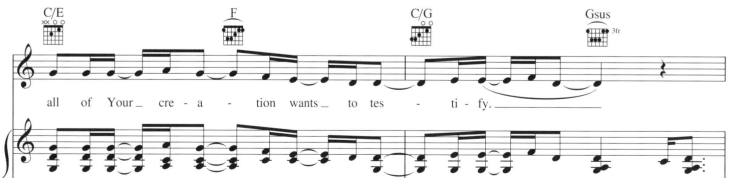

all of Your _ cre - a - tion wants _ to tes - ti - fy. _

I have ___ a song, ___ so let the earth sing a - long, ___

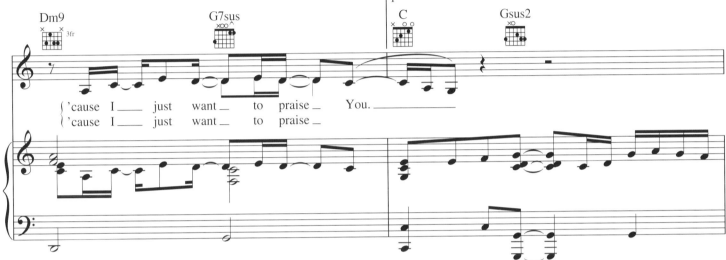

'cause I ___ just want ___ to praise ___ You. ___
'cause I ___ just want ___ to praise ___

And if You You. And the

sun ___ ev - 'ry morn - ing can - not wait to shine, and the

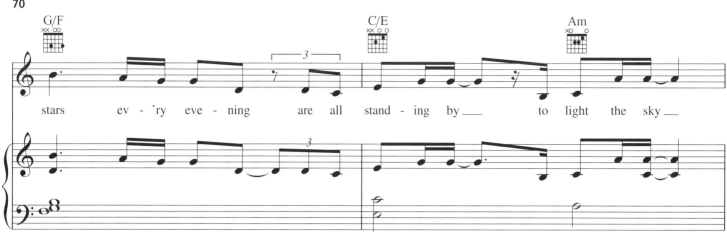

stars ev - 'ry eve - ning are all stand - ing by ___ to light the sky ___

give the rocks ___ and the stones voic - es of their own _____

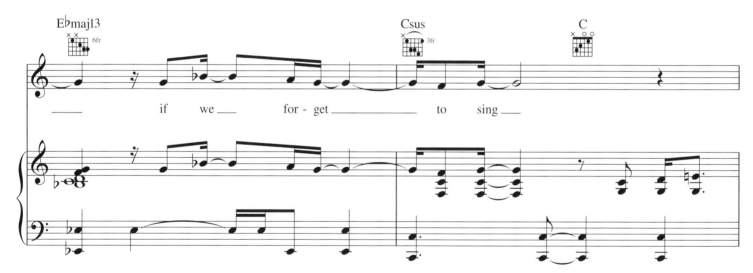

___ if we ___ for - get _____ to sing ___

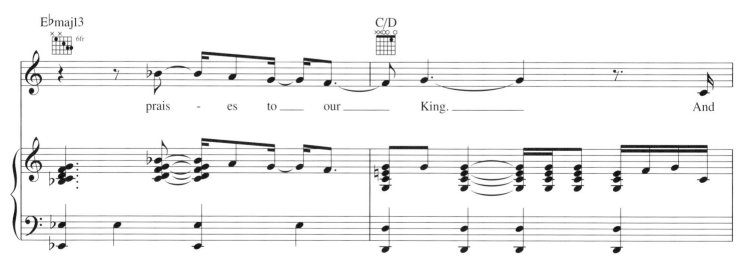

prais - es to ___ our _____ King. _____ And

Oh, we just want ____ to ____ praise You. _____

lu - ia.) _____

____ (Da da da da da da da

da.) (Oh ____ praise Him. _____

And the moun - tains will sing, ____

(Oh, ____ praise Him.) (Al - le - lu ____

and the grass will grow green.

2.,3.,.... Vocals ad lib.

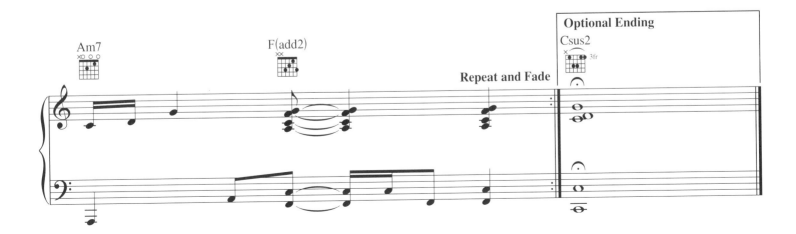

Optional Ending

Repeat and Fade

GRATITUDE

Words and Music by
NICHOLE NORDEMAN

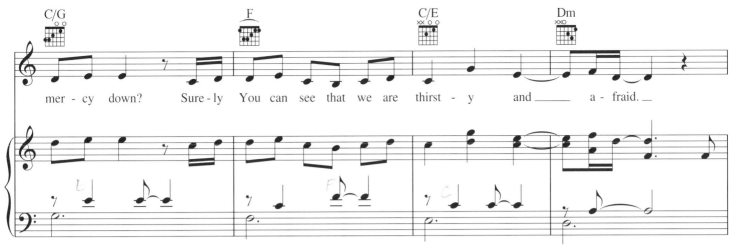

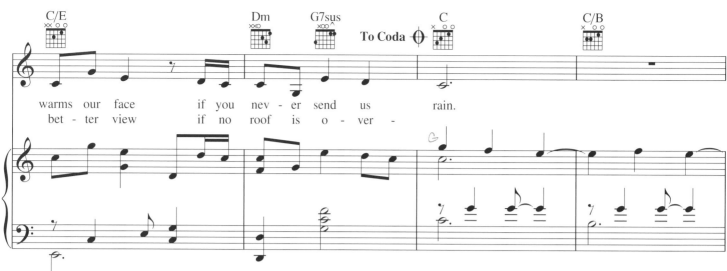

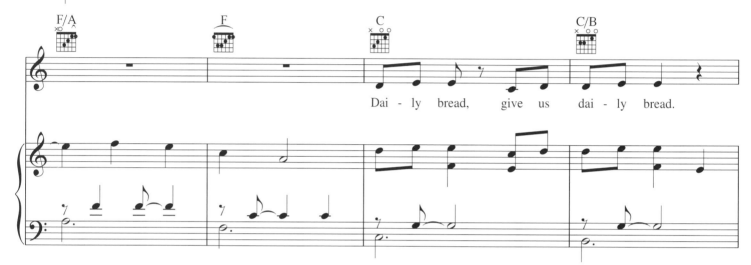

tucked a-way__ be-neath__ our stur-dy__ roofs.__ Let us slum-ber, safe from dan-ger's__ view__

D.S. al Coda

__ this time. Or

CODA

head, and if we nev-er taste that

bread. Oh, the dif-f'renc-es__ that

of-ten are be-tween ev-'ry-thing we want and

what we real - ly need. So grant us peace, Je - sus,

grant us peace. Move our hearts to hear a sin - gle beat be - tween al - i - bis __ and

en - e - mies _____ to - night. __ Or may - be not,

not to - day. Peace might be an - oth - er world a - way, and if that's the case,

we'll give thanks to You with grat - i - tude for les - sons learned in how to

trust in You, that we are blessed be - yond __ what we could ev - er dream __ in a - bun - dance or __ in

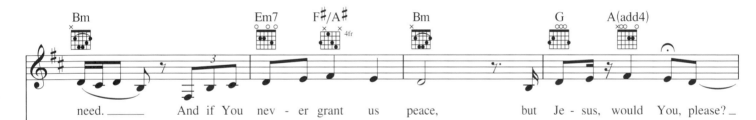

need. _____ And if You nev - er grant us peace, but Je - sus, would You, please? __

Original tempo

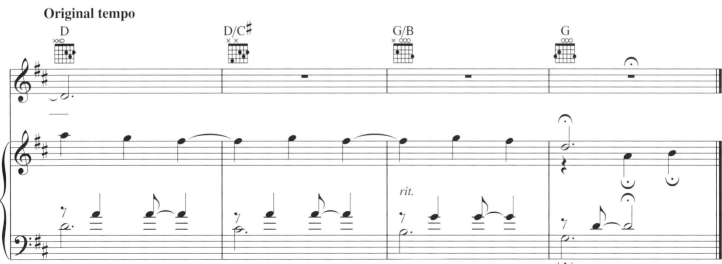

More Contemporary Christian Folios from Hal Leonard

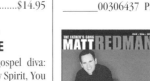